„Man muss die Menschen froh machen."

Oswald Hempel (4. Mai 1895 - 13. Februar 1945),
Sächsischer Heimatschutzkasper

Für meine Urenkel

Umschlagbild: Hohnsteiner Kasper der Handspielpuppenwerkstatt Wolfgang Berger und Krokodil der Puppet Company Ltd.

Das Krokodil hat Zahnweh

Ein Kasperlestück für Vorschulkinder,
aufgeschrieben von Curt Hoffmann

Mit Spielanweisungen und einem Anhang
„Tipps für das Puppenspiel in der Familie"

Dresden 2015

Bibliografische Information der Deutschen Nationalbibliothek:
Die Deutsche Nationalbibliothek verzeichnet diese Publikation
in der Deutschen Nationalbibliografie, detaillierte bibliografische
Daten sind im Internet über http.//dnb.de abrufbar.

Titelbild: Fotomontage, Curt Hoffmann 2015
Illustrationen: Adrian Ludwig Richter 1857,
Johann Michael Volz 1835, Franz v. Pocci 1847

Herstellung und Verlag
BoD - Books on Demand, Norderstedt

ISBN: 9783739214719

Inhalt:

Handelnde Personen:

Der Kasper

Die kleine Maus

Das Krokodil

Requisiten:

Das Kasperglöckchen

Eine Tageszeitung

Ein Holzstab

Eine Stiel-Lupe

Eine Zahnbürste

Ein Zahnputzbecher

Ein Gong ertönt oder das Kasperglöckchen bimmelt dreimal. Der Vorhang öffnet sich.
(Das Öffnen des Vorhangs kann noch mit einigen Späßen des Kaspers ausgeschmückt werden. Z. B. kann der Kasper zunächst an einigen Stellen hinter dem Vorhang herausblicken und dann das Publikum auffordern, „Hauruck" zu rufen, wobei er den Vorhang aufschiebt, erst die eine, dann die andere Seite.)

Dann erscheint der Kasper, von der Seite kommend, im Spielfenster. Er hat das Kasperglöckchen in den Händen, singt dabei das Kasperlied „Tra-tra-trallala..." und bimmelt mit dem Glöckchen. Dann bleibt er stehen und schaut ins Publikum.

Kasper: Seid ihr alle da? Na, das ist schön. Ich bin jetzt nämlich auch schon da.
Ich bin der Kasper, aber ich glaube, ihr kennt mich schon. Ich möchte euch erst einmal begrüßen und euch allen einen „schönen guten Tag" sagen.
(An dieser Stelle kann der Kasper die Anwesenden auch einzeln begrüßen, auch die Püppchen oder Plüschtiere, die bei den Kindern mit im Publikum sitzen.)

Kasper: Jetzt stelle ich erst mal mein Glöckchen hier hin.
(Kasper stellt sein Glöckchen ab, der Spieler ergreift es von unten mit der linken Hand, die dabei nicht sichtbar sein darf, und schiebt es dann ein kleines Stück zur Seite.)

Kasper: Nanu? Was ist denn das? Mein Glöckchen rutscht ja weg!
(Er greift nach dem Glöckchen, das rutscht aber noch weiter weg.)

Mein Glöckchen reißt vor mir aus!
(Das Glöckchen rutscht langsam weiter, der Kasper läuft hinterher und versucht, das Glöckchen zu ergreifen. Das gelingt ihm aber nicht, denn immer, wenn er zugreifen will, rutscht das Glöckchen ein kleines Stück weiter. Kasper geht kopfschüttelnd zurück an seinen Platz.)

Kasper: Hallo, du Glöckchen, willst du wohl sofort wieder hierher zu mir kommen!
(Das Glöckchen rührt sich nicht.)
Hallo, du Glöckchen, sofort kommst du jetzt her zu mir!!!
(Das Glöckchen rührt sich immer noch nicht.)
Da muss ich vielleicht „bitte" sagen? Hallo, mein liebes Glöckchen, bitte, bitte, komm doch jetzt wieder her zu mir!
(Das Glöckchen rutscht langsam zum Kasper hin, der ergreift es und hält es fest.)
So, jetzt halte ich dich fest. Jetzt lasse ich dich nicht wieder fort!
(Sobald der Kasper das Glöckchen festhält, lässt es der Spieler mit der linken Hand los, ergreift stattdessen die kleine Maus, vorzugsweise eine Fingerpuppe, und hält sie so unter das Glöckchen, dass sie noch nicht sichtbar ist. Kasper hebt das Glöckchen bimmelnd hoch und der Spieler hebt gleichzeitig die kleine Maus bis zur Höhe der Spielleiste, so dass es aussieht, als hätte die kleine Maus unter dem Glöckchen gesessen.)

Kleine Maus: Hi-hi-hi, Piep-piep-piep.
(Die kleine Maus blickt nach oben zum Kasper, der für den Moment ganz sprachlos ist.)
Piep-piep-piep, Hi-hi-hi.
(Die kleine Maus dreht sich um und läuft weg.)

Kasper: Halt, halt! Hiergeblieben!!!

(Er läuft hinterher, aber die kleine Maus verschwindet nach der anderen Seite aus dem Spielfenster und der Kasper geht wieder zurück an seinen Platz. Dann kommt die kleine Maus zurück und stupst den Kasper an, der gerade ins Publikum blickt, dreht sich um und läuft wieder weg.)

Na so was! Da hat ja die kleine Maus unter meinem Glöckchen gesessen. Die hat das Glöckchen hin und her geschoben! Na ja, das hätten wir uns eigentlich auch denken können! Ein Glöckchen kann doch gar nicht von alleine wegrutschen!

Jetzt schaffe ich erst mal das Glöckchen fort und wenn ich wiederkomme, übe ich mit euch das Kasperlied. Das könnt ihr dann mitsingen.

(Geht bimmelnd ab und singt dabei das Kasperlied. Danach kommt er singend ohne sein Glöckchen zurück.)

Kasper: Jetzt setze ich mich erst mal zu euch.

(Er setzt sich so an die Seite des Spielfensters, dass er sich mit dem Rücken an der Seite anlehnen kann. Dabei ergreift der Spieler mit der linken Hand die Fersen der Kasperschuhe und hebt die Kasperbeine hoch, wobei die Knie nach oben zeigen und die Beine leicht angewinkelt sind. Kasper probiert, ob er bequem sitzt, blickt nach allen Seiten und dann ins Publikum.)

Ich glaube, ich setz mich lieber mehr in die Mitte!

(Der Spieler zieht die Kasperfüße nach links, so dass sich die Kasperbeine strecken, und schiebt den sitzenden Kasper nach. In dieser Weise rutscht der Kasper auf dem Hosenboden bis zur Mitte der Spielleiste, dann probiert er wieder, ob er bequem sitzt, blickt nach allen Seiten und dann ins Publikum.)

Also, ich glaube, in der Ecke war es doch bequemer.

(Der Spieler lässt den Kasper mit den gleichen Bewegungen, nur in umgekehrter Reihenfolge, zurückrutschen, bis er wieder in seiner Ecke sitzt. Kasper probiert wieder, blickt sich wieder nach allen Seiten um und dann ins Publikum.)

Kasper: So, ich glaube, jetzt sitze ich ganz bequem. Jetzt bleibe ich hier sitzen. Ich kann auch nicht so lange auf dem Hosenboden hin und her rutschen, sonst wetze ich mir am Ende noch den Hosenboden durch. Da ist dann ein Loch. Und dann schimpft meine Kasper-Großmutter, weil sie den Hosenboden wieder flicken muss.
Dazu nimmt sie vielleicht ein Stück Stoff mit einer ganz anderen Farbe. Vielleicht Gelb. Oder Rot. Und dann kann jeder sehen, dass da ein Loch in der Hose war. Und da sehen dann alle Leute, dass ich auf dem Hosenboden herum gerutscht bin.
Also, das lasse ich jetzt doch lieber bleiben!
Aber was wollten wir denn jetzt eigentlich machen? Richtig, jetzt weiß ich es wieder. Wir wollen jetzt das Kasperlied zusammen üben. Das singe ich euch erst mal vor.
(Er singt das Kasperlied vor und übt es dann mit dem Publikum. Je nachdem, wer da ist, lässt er erst die Mädchen, dann die Jungen oder erst die Kinder, dann die Erwachsenen oder jedes Kind einzeln singen.)
So, jetzt probieren wir das mal alle zusammen!
(Gemeinsam mit dem Kasper singen alle das Kasperlied.)
Na, das hat ja ganz prima geklappt.
(Er steht auf und klatscht in die Hände.)
Ihr könnt ja auch alle ganz gut singen. Da haben wir hier einen richtigen kleinen Kasper-Chor gegründet. Immer, wenn ich jetzt in unserm Kasperstück anfange, das Kasperlied zu singen, da singt ihr alle kräftig mit!

Aber wisst ihr denn überhaupt, was wir heute für ein Kasperstück spielen?

Ihr wisst es nicht? Ich weiß es auch nicht!

Aber ich weiß, wo das steht. Das steht in meiner Zeitung. Da steht immer alles drin, was man wissen muss und da steht auch vieles drin, was man nicht wissen muss.

Da hole ich jetzt erst mal die Zeitung und ihr wartet hier auf mich und singt mit mir das Kasperlied.

(Er geht singend ab und kommt mit einer zusammengefalteten Zeitung wieder. Dazu nimmt der Spieler ein oder zwei Doppelseiten von einer richtigen Tageszeitung.)

Kasper: So, nun muss ich meine Zeitung erst einmal auseinander falten.

(Kasper faltet die Zeitung auseinander, wobei der Spieler mit der linken Hand ungesehen nachhilft. Kasper streicht die Zeitung mit seiner rechten Hand glatt und besieht sich das Titelblatt.)

Also hier vorne steht es noch nicht. Das steht vielleicht bei den Theater-Nachrichten.

(Kasper öffnet die Zeitung, streicht sie wieder glatt und beginnt auf der rechten Seite zu lesen. Dabei beugt er den Kopf über die Zeitung, so dass seine Nase fast das Papier berührt, sein Kopf wandert die Zeilen entlang von links nach rechts und er murmelt leise vor sich hin. Einmal wandert sein Kopf über das Zeilenende hinaus und schlägt am Rand an. Das markiert der Spieler nur, erzeugt aber gleichzeitig das passende Geräusch, indem er mit einem harten Gegenstand auf den Beistelltisch schlägt, auf dem seine Spielgegenstände liegen. Kasper hebt den Kopf und reibt ihn mit der rechten Hand.)

Au! Jetzt habe ich danebengelesen! Bloß gut, dass ich einen Holzkopf habe. Da gibt es wenigstens keine Beule.

Kasper: *(Liest weiter und zeigt mit der Hand auf eine Stelle in der Zeitung.)*
Ach, hier steht es ja: Wir spielen heute das Kasperstück vom Krokodil, das Zahnschmerzen hat!
Da bin ich aber gespannt. Seid ihr auch gespannt? Na, wir lassen uns überraschen! Jetzt muss ich aber erst einmal meine Zeitung fein ordentlich zusammenlegen!
(Kasper knüllt und rollt die Zeitung mit beiden Armen zu einer großen Papierkugel zusammen, wobei die linke Hand des Spielers ungesehen nachhilft. Er lässt sich dabei nicht vom Protest aus dem Publikum beirren. Dann hält er das Knäuel triumphierend dem Publikum hin.)
Na? Hab ich die Zeitung fein ordentlich zusammengelegt? Na ja, ich hätte es auch noch viel ordentlicher machen können. Meine Kasper-Großmutter sagt auch immer: „Kasper, du musst noch viel ordentlicher werden!"
So, weg damit!
(Er wirft die Papierkugel im hohen Bogen hinter die Bühne.)
Nach der Vorstellung schaffe ich die Zeitung noch in die Altpapier-Sammelstelle, großes Kasper-Ehrenwort!!!
Aber nun bin ich auf das Krokodil gespannt. Ich habe noch nie ein richtiges Krokodil gesehen. Das kenne ich bloß aus meinem Bilderbuch. Da sieht es ganz grün aus und hat einen hellen Bauch und ein großes Maul mit ganz, ganz vielen Zähnen. Da ist mir jetzt doch ein bisschen mulmig zumute!
(Während er noch spricht, guckt das Krokodil von der anderen Seite ins Spielfenster und verschwindet gleich wieder. Kasper blickt zur Seite, sieht aber nichts mehr.)

Kasper: Da war doch was? Da hinten hat sich doch was bewegt! Aber jetzt kann ich gar nichts mehr sehen.

(Während der Kasper ins Publikum spricht, guckt das Krokodil wieder aus seiner Ecke und verschwindet wieder. Das wiederholt sich noch einige Male. Dann kommt das Krokodil ins Spielfenster, der Kasper reißt aus und verschwindet nach der anderen Seite. Das Krokodil läuft hinterher. Dann kommen beide aus der anderen Ecke wieder, zuerst der Kasper, dann das Krokodil, laufen die ganze Spielleiste entlang und verschwinden wieder aus dem Spielfenster. Zuletzt kommen beide von verschiedenen Seiten und treffen in der Mitte der Spielleiste zusammen.)

Krokodil: Uaaahhh, Auaaahhh.

Kasper: Wer bist denn du?

Krokodil: Ich bin das Krokodil!

Kasper: Ach so, du bist das Krikidol?

Krokodil: Nein, ich bin das Kro-ko-dil!

Kasper: Ja doch, du bist das Kri-ki-dol!

Krokodil: Aber nein! Falsch! Ich bin das Kro-ko-dil!

Kasper: Ja, ja, ich weiß schon, du bist das Krokodil. Ich habe doch bloß Spaß gemacht.

Krokodil: Ach so. Und wer bist du?

Kasper: Na, mich kennt doch Jeder! Ich bin doch der Kasper!

Krokodil: Ich habe dich aber noch nicht gekannt. Guten Tag Kasper.

Kasper. Guten Tag Krokodil. Beißt du mich auch nicht?

Krokodil: Nein, ich beiße dich nicht.

Kasper: Na, da bin ich ja beruhigt. Sag mal, Krokodil, kommst du jetzt direkte-mitten-mang aus Afrika?

Krokodil: Nein. Ich kenne Afrika gar nicht. Ich weiß gar nicht, wo das liegt.

Kasper: Aber ich weiß das! Meine Kasper-Großmutter hat nämlich eine ganz, ganz große Landkarte. Da ist Afrika drauf zu sehen. Das ist ganz weit weg von hier. Und dort scheint die Sonne viel wärmer als bei uns. Und deswegen haben auch die Menschen dort eine ganz dunkle Haut. Manche Menschen sind dort richtig schwarz! Und in Afrika gibt es auch Krokodile.

Krokodil: Was du alles weißt, Kasper! Aber ich komme gar nicht aus Afrika.

Kasper: Wo kommst Du denn dann her?

Krokodil: Ich komme aus dem Zoooo!

Kasper: Ach soooo!

Krokodil: Ja, ich komme aus dem ....er Zoo.
(Bei den Punkten ist ein passender Städtename einzusetzen.)

14

Kasper: Im ....er Zoo bin ich schon ein paar mal mit meiner Kasper-Großmutter gewesen. Da haben wir Elefanten gesehen. Und Kamele. Und Affen. Und noch ganz viele andere Tiere, große und kleine. Aber dich haben wir dort nicht gesehen!

Krokodil: Ich bin im Reptilienhaus zu sehen. Da ist es schön warm. Und da habe ich ein großes Wasserbecken. Da kann man schön drin planschen!

Kasper: Im Reptilienhaus waren wir nicht. Da sind doch auch Schlangen. Und vor Schlangen fürchtet sich meine Kasper-Großmutter.

Krokodil: Aber Kasper, die Schlangen sind doch hinter dicken Glasscheiben. Da braucht sich niemand zu fürchten!

Kasper: Das werde ich meiner Kasper-Großmutter sagen. Da kommen wir dich beim nächsten Mal besuchen. Da können wir sehen, wo du wohnst.

Krokodil: Dort im Zoo bin ich vor vielen Jahren auch aus dem Ei gekrochen!

Kasper: Du bist aus einem Ei gekrochen? Na, jetzt willst du mich wohl ver-gack-eiern? So große Eier gibt es doch gar nicht! Wenn es so große Eier gäbe, da könnte man ja Rührei für die ganze Familie draus machen! Oder sogar für noch viel mehr Leute. Vielleicht für zehn Leute! Oder für hundert!

Krokodil: Aber Kasper, was du da für Unsinn redest! Das Ei, aus dem ich gekrochen bin, war doch ein ganz kleines Ei. Und ich war damals auch noch ganz klein!

Kasper: Wie klein warst Du denn damals?

Krokodil: Da war ich so klein wie ein Daumen!

Kasper: So klein wie ein Daumen? Da warst Du ja ein richtiger kleiner Däumling! So etwas soll es geben. In meinem Märchenbuch habe ich eine Geschichte vom kleinen Däumling gelesen. Aber der ist dann auch immer klein geblieben. Und du bist so groß! Du willst mich bestimmt schon wieder vergackeiern!

Krokodil: Nein, ich sage die Wahrheit! Mein Pfleger hat mir immer gutes Futter gegeben. Und das habe ich immer ratze-putze-kahl alles aufgegessen. Und da bin ich dann immer ein Stückchen gewachsen. Und jetzt bin ich so groß geworden!
(Das Krokodil richtet sich senkrecht auf und zeigt dem Kasper, wie groß es ist.)

Kasper: Und wenn du weiter dein Futter immer ratze-putze-kahl alles aufisst, dann wächst du immer noch ein Stückchen weiter und da wirst du immer größer. Da wirst du vielleicht so groß wie eine Straßenbahn. Oder wie ein ganzer Eisenbahnzug! Und da muss der Zoo dann für dich ein größeres Haus bauen. Oder einen ganzen Bahnhof!

Krokodil: Ach Kasper, du redest schon wieder Unsinn! Jetzt, wo ich schon groß bin, da wachse ich nur noch ganz langsam, nur noch einen Zentimeter im Jahr!

Kasper: Na, da bin ich aber beruhigt.
So viel Geld für einen Bahnhof hätte der Zoo auch gar nicht gehabt. Und so viel Platz auch nicht.
Aber warum bist du denn aus dem Zoo weggelaufen?

Krokodil: Ich habe doch immer solche Zahnschmerzen. Uaaahhh, Auaaahhh. Jetzt merke ich es schon wieder! Ich suche einen Zahnarzt. Weißt du, wo ich einen finde?

Kasper: Ja Krokodil, da kann ich dir helfen. Ich habe vorhin in meiner Zeitung gelesen, wo ein Zahnarzt ist. Da kann ich dich hinbringen.

Krokodil: Das ist sehr freundlich von Dir!

Kasper: Aber erst will ich mir selbst deine Zähne einmal ansehen. Kannst du mal dein Maul aufmachen?

Krokodil: Ja!
(Es öffnet sein Maul ein ganz kleines Stückchen.)

Kasper: Das ist zu wenig. Du musst dein Maul noch weiter aufmachen!
(Das Krokodil öffnet sein Maul noch ein kleines Stückchen weiter.)
Noch viel weiter! Ganz, ganz weit!
(Das Krokodil reißt sein Maul ganz weit auf. Der Kasper blickt hinein und seine lange Nase steckt fast im Maul des Krokodils. Da klappt das Krokodil plötzlich sein Maul zu und der Kasper springt erschrocken zurück.)
Hallo! Du hast doch versprochen, mich nicht zu beißen!

Krokodil: Ich wollte dich auch gar nicht beißen. Aber mein Maul ist so groß und so lang.

Da ist es ganz schwer, das Maul so lange und so weit aufzumachen. Da ist mein Maul jetzt von ganz alleine wieder zugeklappt!

Kasper: Na, da weiß ich Rat! Warte mal hier, ich komme gleich wieder.
(Er geht singend zur Seite ab, kommt aber gleich noch einmal zurück.)
Und du wartest auch ganz bestimmt hier?

Krokodil: Ja, ich warte ganz bestimmt hier, bis du wiederkommst.
(Das kann noch mehrmals wiederholt werden. Schließlich geht der Kasper singend zur Seite ab und kommt mit einem Holzstab wieder.)

Kasper: So Krokodil, jetzt mach mal dein Maul ganz weit auf!
(Das Krokodil öffnet sein Maul ganz weit und der Kasper klemmt ihm den Holzstab vorn zwischen die Zähne.)
So, jetzt kann dein Maul nicht mehr von alleine zuklappen! Jetzt kann ich mir deine Zähne ganz genau ansehen.
(Er steckt seinen Kopf mit der Nase tief in das Krokodilmaul, schnüffelt hörbar und zieht ihn gleich wieder zurück.)
Pfui! Aus deinem Maul riecht es ganz schlecht!!! Das stinkt ja richtig!!! Da muss ich mir ja gleich meine Nase zuhalten!
(Kasper hält sich die Nase mit beiden Händen zu und steckt den Kopf wieder in das Krokodilmaul.)
Und deine Zähne sind ganz schmutzig. Das muss ich mir genauer ansehen. Warte mal, ich bin gleich wieder da.

Kasper: *(Geht singend nach der Seite ab und kommt mit einer großen Stiel-Lupe wieder. Damit beschaut er sich das Gebiss des Krokodils ganz genau, von oben und unten und von allen Seiten.)*
Da klemmen auch hart gewordene Essensreste zwischen deinen Zähnen. Da hinten steckt eine harte Brotkruste! Und dort ein Knochensplitter!
(Er zeigt die Stellen mit dem Stiel der Lupe.)
Und hier auch. Und dort. und an vielen anderen Stellen.
(Er zeigt es.)
Die harten Essensreste drücken auf dein Zahnfleisch und deshalb hast du auch Zahnschmerzen! Sag mal, Krokodil, du hast dir wohl heute noch gar nicht die Zähne geputzt?

Krokodil:
(Nuschelt wegen des Holzstabes im Maul.)
Die Zähne geputzt? Nein. Ich habe mir noch nie meine Zähne geputzt.

Kasper: Noch nie? Aber die Zähne putzt man doch nach jeder Mahlzeit! Da ist es gar kein Wunder, dass deine Zähne so schmutzig aussehen.
Und dass da so viel Essensreste zwischen deinen Zähnen stecken. Und dass es so schlecht aus deinem Maul riecht. Deshalb hast du auch immer wieder Zahnschmerzen!

Krokodil:
(Nuschelt wieder.)
Uaaahhh, Auaaahhh. Gehen wir jetzt zum Zahnarzt?

Kasper: Ja. Aber erst werden wir mal deine Zähne putzen. Ich weiß ganz genau, wie man das macht.

Ich habe meine Zähne schon ganz alleine geputzt, als ich noch klein war. Deshalb habe ich auch ganz schöne weiße Zähne, siehst du hier?

(Kasper zeigt dem Krokodil seine Zähne. Das Krokodil nickt mit dem Kopf.)

Jetzt schaffe ich erst mal meine Lupe weg und hole eine Zahnbürste. Und du wartest hier auf mich!

(Er geht singend ab, kommt aber gleich ohne Zahnbürste noch einmal wieder.)

Jetzt hätte ich doch bald etwas vergessen. Wir müssen doch erst noch den Holzstab aus deinem Maul heraus nehmen!

(Er nimmt den Holzstab aus dem Krokodilmaul und das Krokodil klappt sein Maul erleichtert zu. Kasper geht singend mit dem Holzstab ab und kommt mit einer ganz normalen Zahnbürste wieder.)

So, jetzt werden wir mal deine Zähne putzen. Immer schön vom roten zum weißen, vom Zahnfleisch zu den Zahnspitzen hin. So habe ich es gelernt. Und die Kauflächen auf den Zähnen putzen wir auch. Und die Zahnzwischenräume putzen wir ganz besonders sauber! Da werden alle Essensreste heraus geputzt.

(Kasper putzt alle Zähne des Krokodils so, wie er es erklärt. Der Spieler markiert das natürlich nur, aber vom Publikum aus gesehen, wirkt das ganz echt.)

Jetzt musst du das Maul aber noch gründlich ausspülen. Dazu hole ich dir einen Zahnputzbecher mit Wasser und ein paar Tropfen Mundspülung drin.

(Kasper geht singend mit der Zahnbürste ab und kommt gleich darauf mit einem ganz normalen Plaste-Zahnputzbecher wieder.)

So Krokodil, jetzt nimmst du mal einen Schluck, spülst das Maul aus und spuckst das Wasser hier hinten in den Eimer!

(Kasper zeigt eine Stelle in der Ecke unter der Spielleiste. Das Krokodil nimmt einen Schluck und macht Spülgeräusche, kann auch mal den Kopf steil anheben und gurgeln. Dann spuckt es das Wasser an der vom Kasper bezeichneten Stelle aus. Der Becher ist natürlich leer und es wird alles nur markiert. Das Spülen wird noch einige Male wiederholt.)

Kasper: So, jetzt sind wir schon fertig. Jetzt muss ich noch kontrollieren, ob alles richtig sauber geworden ist. Warte mal hier, ich komme gleich wieder!
(Kasper geht singend mit dem Zahputzbecher zur Seite ab und kommt mit der Stiel-Lupe wieder. Er besieht sich das Maul des Krokodils ganz gründlich mit der Lupe.)
Also, deine Zähne sind jetzt ganz sauber. Und es klemmen auch keine Essensreste mehr dazwischen. Und deine Zähne sind auch alle noch gesund. Da brauchen wir gar nicht zum Zahnarzt gehen!

Krokodil: Ich habe jetzt auch keine Zahnschmerzen mehr. Die sind ganz weg. Es tut gar nicht mehr weh!

Kasper: Das kommt davon, dass wir die Essensreste alle herausgeputzt haben. Da drückt jetzt gar nichts mehr auf dein Zahnfleisch. Und deshalb kann es auch nicht mehr weh tun.
(Er geht noch einmal ganz nahe an das Maul des Krokodils heran und schnüffelt.)
Du riechst jetzt auch nicht mehr so schlecht aus deinem Maul. Im Gegenteil. Es riecht sogar richtig gut!
(Er schnüffelt noch einmal.)
Ja, du hast jetzt einen richtig guten Mundgeruch!

Krokodil: Ich habe auch einen ganz frischen Geschmack im Maul. Wie schmeckt denn das gleich? Ich weiß es jetzt, es schmeckt wie ein Pfefferminz-Bonbon. So einen hat mir mal ein Zoobesucher in mein Wasserbecken geworfen und den habe ich geschnappt und aufgegessen!

Kasper: Der frische Geschmack kommt von der Mundspülung. Die schmeckt und riecht nach Pfefferminze.

Krokodil: Kasper, ich bin dir ja so dankbar! Danke, danke, danke, lieber Kasper! Da muss ich dir jetzt auch gleich ein Küss´chen geben!
(Das Krokodil küsst den Kasper laut schmatzend auf eine Wange.)

Kasper: Ja, jetzt, wo deine Zähne sauber sind und wo du so gut aus deinem Maul riechst, darfst du mir sogar ein Küss´chen geben. Aber ich habe dir auch gerne geholfen. Und weißt du was? Ich schenke dir auch noch die Zahnbürste. Die kannst du mit in den Zoo nehmen und dann kannst du dir damit immer die Zähne putzen!

Krokodil: Du willst mir auch noch die Zahnbürste schenken? Du bist ein richtig guter Freund, Kasper!

Kasper: Ja. Wir sind jetzt richtige gute Freunde geworden. Wer hätte das gedacht! Nun schaffe ich die Lupe fort und hole dir die Zahnbürste.
(Er geht singend mit der Lupe zur Seite ab und kommt mit der Zahnbürste wieder.)
Hier, Krokodil, hier ist die Zahnbürste. Meine Kasper-Großmutter hat sie auch noch einmal sauber gemacht. Jetzt kannst du sie haben.

Krokodil: Danke, Kasper. Dafür bekommst du noch ein Küss´chen!
(Das Krokodil küsst den Kasper laut schmatzend auf die andere Wange. Kasper reicht dem Krokodil die Zahnbürste hin und das Krokodil nimmt sie quer ins Maul. Der Kasper wendet sich an das Publikum.)

Kasper: Unser Kasperstück ist nun zu Ende. Und wenn es euch gefallen hat, dann klatscht mal in die Hände!
(Er wartet ab, bis das Klatschen zu Ende ist und spricht dann weiter.)
Klatschen muss man nämlich im Theater, ob es einem gefallen hat oder nicht. Aber ich glaube, unser Stück hat euch gefallen. Ja? Das freut mich, dass es euch gefallen hat.
Wisst ihr was? Weil es euch gefallen hat und weil alles so gut ausgegangen ist und weil das Krokodil und ich so gute Freunde geworden sind, da können wir beide zum Schluss auch noch ein Tänz´chen miteinander machen. Und dazu singen wir das Kasperlied!
(Kasper wendet sich dem Krokodil zu, das richtet sich auf, der Kasper fasst es an und während er zu singen beginnt, fangen beide an, miteinander zu tanzen. Dazu hält der Spieler beide Arme über dem Kopf, dreht sich langsam im Kreis und bewegt sich dabei an der Spielleiste entlang. Die Bewegungen dürfen nicht zu groß sein, dann wirkt so ein Puppentanz, vom Publikum aus gesehen, ganz natürlich. Kasper und das Krokodil tanzen einmal die Spielleiste entlang bis zur anderen Seite und wieder zurück, wobei der Kasper mit einer Hand dem Publikum zuwinkt. Dann gehen beide tanzend zur Seite ab und der Vorhang schließt sich.)

ENDE

Adrian Ludwig Richter: Kunst bringt Gunst,
Holzstich 1857 (Ausschnitt)

Anhang: Tipps für das Puppenspiel in der Familie

Das Puppenspiel in der Familie hat Tradition. Im 19. Jahrhundert war dafür das Papiertheater verbreitet, seltener das technisch aufwendigere Marionettenspiel. Im 20. Jahrhundert wurde das Handpuppenspiel populär, nachdem es bedeutende Puppenspieler vom vulgären Niveau des Jahrmarkt-Kaspers befreit hatten. An dieser Stelle ist besonders Max Jacob (1888-1967) zu nennen, der mit seinem Hohnsteiner Kasper einen Typ geschaffen hat, der für das moderne Handpuppenspiel prägend wurde. Aber Max Jacob hat auch viel zur Entwicklung des Laien-Puppenspiels getan.

Das technisch wenig aufwendige und unkomplizierte Handpuppenspiel mit seiner unmittelbaren und im wahrsten Wortsinn zupackenden Art eignet sich in besonderem Maße auch für Familien mit Kindern. Es regt die schöpferische Fantasie der Kinder an und ist gleichermaßen geeignet, um den Kindern Kasperstücke vorzuspielen oder sie auch selbst kleine Szenen aufführen zu lassen. Besonders beliebt ist das Handpuppenspiel bei Kindergeburtstagen. Aber es eignet sich auch für wenige Kinder oder sogar für ein einzelnes Kind, wobei während eines Kasperlespiels auch Püppchen und Kuscheltiere oder Oma und Opa mit im Publikum sitzen können. Besonders schön ist es dann immer, wenn der Kasper die Anwesenden zu aktuellen Vorfällen anspricht oder sich mit ihnen über das weitere Vorgehen im gerade gespielten Stück berät.

Für das Handpuppenspiel in der Familie ist keine besondere Bühne erforderlich, für die auch meistens kein Platz vorhanden wäre. Eine Spielleiste mit einer Stoffverkleidung, beispielsweise einer Decke, vor eine geöffnete Tür gehängt, kann zur Behelfsbühne werden.

Das hat auch den Vorteil, dass die Spielhöhe entsprechend der Größe der jeweils agierenden Spieler verändert werden kann. Mit einer Gardinenleiste, die fest oder abnehmbar unter dem oberen Türrahmen angebracht wird, kann ein zweiteiliger Bühnenvorhang eingehängt werden. Zur Not geht es auch ohne Vorhang, aber mit einem solchen wird die Behelfsbühne erheblich aufgewertet. Der Vorhang schafft Möglichkeiten für allerhand Spässe. Z. B. können Puppen an verschiedenen Stellen hinter dem geschlossenen Vorhang hervorschauen, oder der Kasper schiebt den Vorhang selbst auf, wobei er die Zuschauer „Hau-ruck" rufen lässt. Ebenfalls zur Not verzichtbar, aber doch eine Aufwertung der Behelfsbühne sind Kulissen oder verschiedenfarbige Seiten- und Hintergrundvorhänge. Dazu kann man hinter der Tür am Türrahmen oben einen abnehmbaren Wand-Wäschetrockner (Scheren-Wäschetrockner) anbringen. Auch eine Beleuchtung des Spielfensters ist wünschenswert. Im einfachsten Fall benutzt man dafür eine vorhandene Stehleuchte, deren flexibles Lampenteil auf das Spielfenster gerichtet wird. Einem Heimwerker werden aber auch noch andere unkomplizierte Lösungen einfallen. Denn komfortabler wird es, wenn man, der jeweiligen Handlung entsprechend, über Beleuchtungseffekte verfügen kann. Hinter die „Bühne" stellt man zweckmäßigerweise einen kleinen Beistelltisch oder eine andere geeignete Ablagemöglichkeit, worauf die Puppen und die anderen Utensilien des Spielers griffbereit liegen. Je besser und übersichtlicher die Vorbereitung, desto einfacher wird es für den bzw. die Spieler!

Das wichtigste für das Heimpuppenspiel sind die Handspielpuppen und ihre Animierung. Die Puppen können bereits allein, ohne Bühne und Hilfsmittel, eine faszinierende Wirkung haben.

Sie sind deshalb mit besonderer Sorgfalt auszuwählen. Dabei spielt ihre Fernwirkung eine wichtige Rolle, die auch bei den geringen Sichtabständen in der Wohnung nicht zu unterschätzen ist. Ideal geeignet sind die originalen Hohnsteiner Handspielpuppen, die in drei verschiedenen Größen verfügbar sind, wobei deren kleinste Größe für das Heimpuppenspiel ausreicht. Diese Puppen haben ausdrucksvolle handgeschnitzte Köpfe aus Holz. Man kann die bemalten Holzköpfe allein kaufen und die Puppenkleidung selbst anfertigen oder fertige Puppen beziehen. Wegen ihrer aufwendigen handwerklichen Einzelfertigung haben diese Puppen allerdings auch ihren Preis.

Man muss aber auch nicht gleich ein ganzes Ensemble anschaffen. Kasperstücke lassen sich schon mit wenigen Puppen gestalten, wie unser Stück vom Krokodil mit den Zahnschmerzen zeigt. Und man kann das Puppen-Ensemble Schritt für Schritt vergrößern, indem man immer gerade die Puppen anschafft, die für ein bestimmtes Kasperstück benötigt werden. Für ein schmales Budget findet man aber auch eine große Auswahl verschiedener brauchbarer und preiswerter Puppen im Internet. Insbesondere gibt es viele sehr schöne Tierpuppen aus textilem Material. Wenn man Puppen verschiedener Hersteller kauft, sollte man allerdings genau darauf achten, dass sie in ihrer Größe zueinander passen. Der Kasper als Hauptfigur und Bezugsperson ist die wichtigste Puppe des Ensembles. Bei seiner Anschaffung sollte man nicht sparen und, wenn möglich, einen originalen Hohnsteiner Kasper wählen. Vielleicht kann man dabei auch Oma und Opa als „Sponsoren" gewinnen.

Ausdrucksvolle Puppen sind aber nur die „eine Seite der Medaille", die andere Seite ist ihre Animation, also das eigentliche Puppenspiel, das der Puppe ihr Leben verleiht.

Dabei sind einige grundlegende Regeln zu beachten. Der Spieler soll hinter der Bühne stehen und die Arme mit den Puppen über seinem Kopf halten. Die Puppen sollen nicht unentwegt und mit großen Gesten herumzappeln. Kleine, sparsame Bewegungen können besonders ausdrucksvoll sein, z. B. die Drehung oder Neigung des Puppenkopfes oder eine sparsame Geste mit deren Hand. Die Puppen sollen gerade stehen und nicht im Eifer des Spiels nach vorn oder hinten wegkippen. Sie sollen immer in der gleichen Höhe sichtbar sein. Wenn sich Puppen von der Spielleiste lösen und nach hinten in den Bühnenraum bewegen, wodurch das Spiel besonders lebendig wirkt, muss der Spieler die perspektivische Wirkung beachten, die aus Sicht des Publikums besteht. Die Blickrichtung der Zuschauer von deren Augenhöhe zur Spielleiste geht schräg nach oben und zwar um so steiler, je kürzer die Entfernung zwischen Zuschauern und Bühne ist. Daraus können sich ganz unterschiedliche perspektivische Effekte ergeben, die sich der Spieler anhand einer maßstabsgerechten Skizze der örtlichen Verhältnisse deutlich machen kann. Wenn man auf dieser Skizze eine Linie von der Augenhöhe der Zuschauer bis zur Spielleiste zieht und diese nach hinten in den Bühnenraum verlängert, sieht man, dass der sichtbare Teil der Puppen nach hinten immer geringer wird. Wenn sich die Puppen also nach hinten in den Raum hinein bewegen, erscheint es dem Zuschauer so, als ob sie zunehmend nach unten abtauchen. Um diesem Eindruck entgegenzuwirken, muss der Spieler die Puppen, die sich nach hinten bewegen, etwas anheben. Das muss der Spieler anhand der örtlichen Verhältnisse ausprobieren und beim Spiel beachten. Wichtig ist, dass die Puppen immer von einer Seite her auftreten und auch nach einer Seite hin abgehen.

Sie dürfen nicht von unten auftauchen und nach unten verschwinden. Das ist nur einzelnen Puppen vorbehalten, z. B. einem Teufel oder einem Geist. Das Auftauchen und verschwinden solcher Puppen sollte immer auch von Geräuschen, von einem Zischen oder einem Knall, begleitet sein. Auch ein Frosch, der aus einem Brunnen auftaucht, kann von unten erscheinen. Bei den „normalen" Figuren ist das nicht gestattet und auch im Eifer des Spiels immer zu vermeiden. Selbst die böse Hexe kommt von der Seite ins Spielfenster gehumpelt.

Wenn mehrere Puppen gleichzeitig auftreten, sollten sie mit unterschiedlichen Stimmen sprechen. Die Stimme des Kaspers sollte „normal", also weitgehend unverstellt sein. Bei den anderen Puppen ist die Stimme möglichst dem Typ der jeweiligen Figur anzupassen. Lange Monologe sind langweilig und deshalb zu vermeiden. Kurze und verständliche Sätze sind zu bevorzugen. Wenn zwei Puppen miteinander sprechen, sollten sie dabei nicht steif dastehen, sondern ihre Worte durch Gesten unterstreichen. Dabei bewegt sich die jeweils sprechende Puppe mehr als die zuhörende. Wenn z. B. in unserem Stück der Kasper mit dem Krokodil spricht, kann er ein paar Schritte auf das Krokodil zu oder um dieses herum gehen und seine Worte mit Handbewegungen unterstreichen, während das Krokodil seinen Kopf nach dem Kasper dreht und seinen Bewegungen mit den Blicken folgt.

Figuren, die Beine haben (in der Regel ist das nur der Kasper), dürfen die Beine bei ihrem Auftritt *nicht* über die Spielleiste werfen. Die Beine werden nur sichtbar, wenn sich die Puppe setzt. Wie das geschieht, ist in der Spielanweisung am Anfang unseres Stückes an der Stelle beschrieben, wo der Kasper mit dem Publikum das Kasperlied üben will. Der Spieler sollte den Text beherrschen, muss sich aber nicht immer streng daran halten.

Er sollte sogar auf sich zufällig ergebende Situationen oder auf Zurufe aus dem Publikum reagieren und, statt weiter beim Text zu bleiben, ein Stück weit frei improvisieren. Diese Form des aus-dem-Text-fallens eignet sich besonders für den Kasper. Man nennt das „extemporieren". Dabei darf der Spieler aber den Handlungsfaden nicht verlieren, sondern muss an passender Stelle wieder zur Handlung und zu seinem Text zurückkehren.

Für die Aufführung eines Kasperstückes genügt im einfachsten Fall **ein** Spieler. Dann können maximal zwei Puppen gleichzeitig auftreten und der Spieler muss alles allein bewerkstelligen, z. B. auch erforderliche Geräusche erzeugen. Deshalb sollte der Spieler schwierige Stellen vorher üben, z. B. die Stelle in unserem Stück, wo der Kasper das hin und her gerutschte Glöckchen festhält und dann hochhebt, wobei darunter die kleine Maus sichtbar wird. Diese ganze Szene kann sehr wirksam und überraschend sein, muss aber auch geschickt und flüssig gespielt werden.

Komfortabler ist es, wenn eine zweite Person dabei ist, die dem Spieler beim Puppenwechsel hilft, Requisiten zureicht, Geräusche produziert usw. Dann können auch gelegentlich mehr als zwei Puppen gleichzeitig auftreten. Professionell arbeitende Berufsbühnen haben meist ein Team von drei Personen, zwei als Spieler und eine als „Techniker", zuständig für Lichteffekte, Geräusche und Musik. Bei der Heimbühne sind aber ein bis zwei Personen ausreichend.

Musik ist geeignet zur Untermalung bestimmter Szenen oder beim Öffnen und Schließen des Vorhangs. Wenn in der Familie noch eine alte Spieldose existiert, kann ihre Verwendung als Musikquelle sehr stimmungsvoll sein, weil sie gut zum Puppenspiel passt. Aber ein CD-Spieler tut es auch und ist sogar vielseitiger verwendbar.

Wirkungsvoll ist es, wenn für den Kasper eine kleine, zu seiner Größe passende Ziehharmonika beschafft wird und die Hilfsperson mit einer richtigen Ziehharmonika umgehen kann. Dann lässt man den Kasper mit der Ziehharmonika auf der Spielleiste sitzen und das Publikum fragen, was er nun machen soll. Auf den Zuruf „Ziehen!" zieht er seine Harmonika langsam auseinander und die Hilfsperson tut das Gleiche mit dem richtigen Instrument. Dann fragt der Kasper, wie es weiter gehen soll und auf den Zuruf „Zusammendrücken!" tut er das und die Hilfsperson ebenfalls, erst ganz langsam, dann plötzlich mit einem Schwung ganz schnell. Am Schluss sagt der Kasper, dass man wohl nur die richtigen Knöpfe drücken muss, um eine Melodie spielen zu können. Dann beginnt er zu spielen, z. B. sein Kasperlied, und die Hilfsperson spielt es auf dem richtigen Instrument. Der Spieler bemüht sich, Kaspers Bewegungen synchron zu denen der richtigen Ziehharmonika zu machen. Im Zuschauerraum entsteht dabei die verblüffende Illusion, dass der Kasper wirklich selbst spielen kann.Eine beliebte und wirksame Szene der Hohnsteiner Bühne war Kaspers Tanz mit seiner Kasper-Großmutter, wobei sein Freund Seppel, wie beschrieben, Ziehharmonika spielte.

Die Verwendung von Requisiten passend zur Puppengröße ist aber nur dann zu empfehlen, wenn es deren Handhabung unbedingt erfordert, wie die Ziehharmonika oder das Kasperglöckchen. Ansonsten nimmt man besser Alltagsgegenstände aus dem Haushalt, wie in unserem Stück Kaspers Zeitung, die Lupe, die Zahnbürste und den Zahnputzbecher. Das wirkt grotesk-komisch und passt zum Stil des Handpuppenspiels. Wenn der Kasper telefonieren will, benutzt er z. B. ein altes Büro-Telefon mit Wählscheibe und Handapparat auf der Gabel.

Die Wirkung ist dann schon dadurch vorprogrammiert, dass sich die kleine Puppe mit dem Wählen der Nummer und mit dem für sie viel zu großen Telefonhörer herumplagen muss. Und es passt auch auf die Puppenbühne, dass so ein Gerät heutzutage bereits antiquiert ist. Allerdings darf der Kasper, wenn es zum Stück passt, auch schon mal moderne Technik benutzen, etwa ein Handy oder einen Tablet-PC.

Ein Requisit, dass früher untrennbar mit der Figur des Kaspers verbunden war, fehlt im heutigen Kasperspiel ganz, - die Pritsche! Der alte Jahrmarkt-Kasper hatte sich im wahrsten Sinne des Wortes „durchs Leben geschlagen". Er prügelte auf alles ein, was ihm über den Weg lief und nicht gefiel. So etwas finden wir heute noch beim historischen englischen Kasper, dem Mister Punch, aber dort auch nur zur Traditionspflege. Der moderne Kasper geht intelligenter vor. Er versucht, seine Widersacher von ihren bösen Vorhaben abzubringen und zu Freunden zu machen. Ganz unbelehrbare Bösewichte werden von ihm überlistet und in die eigene Falle gelockt. Der böse, aber etwas dumme Räuber bekommt dann schon mal einen Sack über den Kopf gezogen und wird verschnürt dem Polizisten übergeben. Auch das geht ohne Kampf oder Gewalt. Beispielsweise hat der Räuber bei der Kasper-Großmutter die gerade getätigten Einkäufe gestohlen und in seinem Sack weggeschleppt. In seiner Räuberhöhle isst er alles auf, auch das Schlafpulver, das sich die Großmutter besorgt hatte und das der Räuber für Brausepulver hält. Als er dann müde wird, glaubt er, das käme vom vielen essen und schläft ein. Kasper und Seppel brauchen ihn dann nur noch abtransportieren.

Wenn im Stück etwas geschieht, was den Puppen Schaden zufügen könnte, wird das vom Spieler nur markiert. In unserem Stück kommt ganz am Anfang eine Szene vor, in der Kasper seine Zeitung liest. Dabei liest er „daneben", d. h. er bewegt seinen Kopf über das Zeilenende hinaus und schlägt am Rand des Spielfensters an, wobei es ein entsprechendes Geräusch gibt. Das wird vom Spieler aber hinter der Bühne mit einem Holzbrettchen o. ä. erzeugt. So verfährt der Spieler auch in allen ähnlichen Situationen und vermeidet alles, was die Puppen beschädigen könnte. In unserem Spiel wird das auch beachtet, wenn der Kasper dem Krokodil die Zähne putzt, es dann einen Schluck aus dem Becher nehmen und anschließend das Mundspülwasser ausspucken lässt. Das wird ebenfalls alles nur markiert und es wird ein leerer Becher verwendet. Im Idealfall kann eine Hilfsperson hinter der Bühne richtig gurgeln und das Wasser hörbar in eine Schüssel spucken, das erzeugt beim Publikum Staunen und Heiterkeit. Diesen sorgsamen Umgang mit den Puppen erklärt man auch den Kindern, bevor sie eigene Szenen spielen dürfen.

In gleichem Maße, wie die Behelfsbühne in der Zimmertür mit der Zeit vervollkommnet werden kann und das Puppen-Ensemble immer mehr vervollständigt wird, sammelt auch der Spieler Erfahrungen und entwickelt immer neue eigene Ideen. Wenn das Heimpuppenspiel Freude bereitet, wird man auch gelegentlich Aufführungen professioneller Bühnen besuchen und weiterführende Literatur lesen, um aus den übermittelten Erfahrungen für das eigene Spiel zu lernen.

Das wichtigste am Heimpuppenspiel ist aber nicht eine möglichst hohe Professionalität, sondern die Freude, die man damit in der Familie haben kann. So formulierte es dereinst auch der legendäre Sächsische Heimatschutzkasper Oswald Hempel (1895-1945): „Man muss die Menschen froh machen!"

Curt Hoffmann

Johann Michael Volz: Volksfest,
Lithographie 1835 (Ausschnitt)

Empfehlenswerte Bücher:

Richard Schimmrich: Das Handpuppen-Laienspielbuch der Hohnsteiner. Rolf Schneider Verlag, Reichenau in Sachsen (erschienen in den 1930er Jahren, verfügbar im Antiquariats-Buchhandel).

Max Jacob: Mein Kasper und ich. Lebenserinnerungen eines Puppenspielers. Greifenverlag Rudolstadt (erschienen in den 1960er Jahren, verfügbar im Antiquariats-Buchhandel). Neuauflage beim Verlag edition zebra Hamburg o. J., zu beziehen beim Traditionsverein Hohnsteiner Kasper e. V. (Karl Pavlicek, Dresdner Straße 3 in 01848 Hohnstein).

Empfehlenswerte Handpuppen:

Hohnsteiner Handspielpuppen, Schnitzerwerkstatt Wolfgang Berger in Hohnstein und Schneiderei Birgit Großer.
www.original-hohnsteiner-handspielpuppen.de
www.schneiderei-im-ferienhof.de

Franz v. Pocci: Schattenspiel,
Silhouette 1847